La maison
Das Zuhause

Dictionnaire d'images bilingue pour enfants

Français-Allemand

Richard Carlson

The author would like to thank the translators for their contribution.

La porte
Die Tür

La fenêtre

Das Fenster

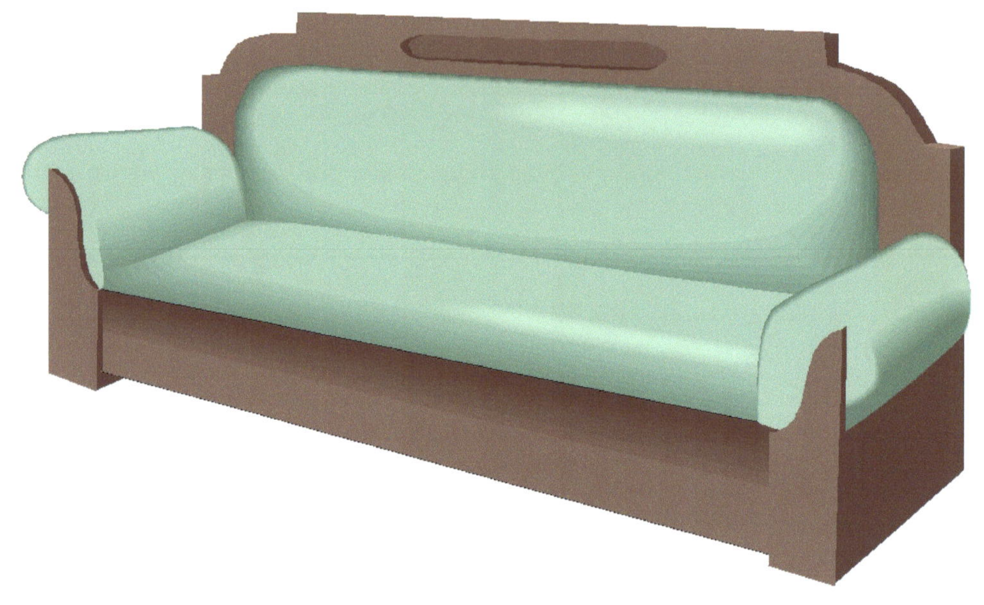

Le canapé
Das Sofa

La table basse
Der Tisch

Le tapis

Der Teppich

Le salon
Das Wohnzimmer

Le rideau
Der Vorhang

La pendule
Die Uhr

Le tableau
Das Bild

Le fauteuil
Der Sessel

La lampe
Die Lampe

Les placards
Die Küchenschränke

Les fleurs
Die Blumen

La chaise

Der Stuhl

La table
Der Tisch

La salle à manger
Das Esszimmer

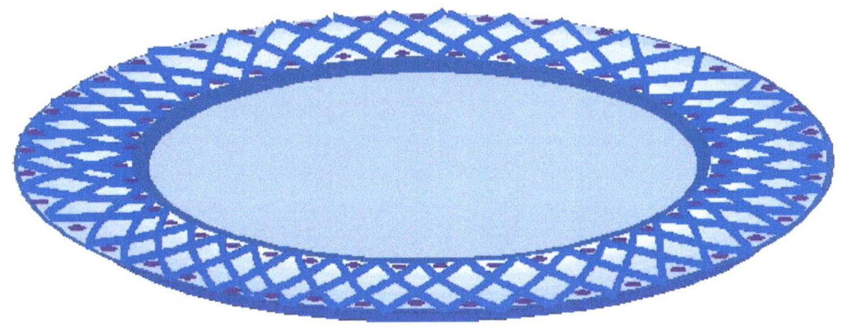

L'assiette

Der Teller

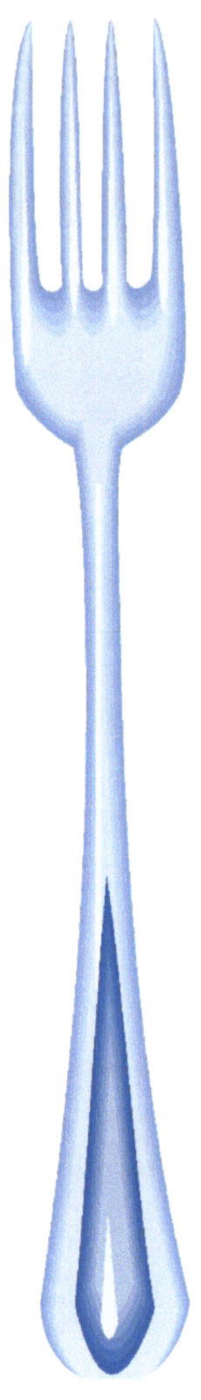

La fourchette
Die Gabel

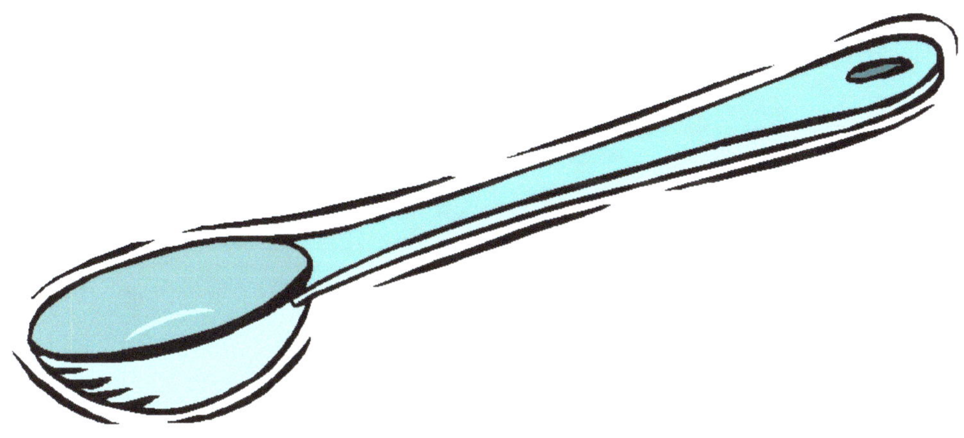

La cuillère
Der Löffel

Le couteau
Das Messer

Le verre

Das Glas

La tasse
Die Tasse

La cuisine
Die Küche

Le four
Der Ofen

Le réfrigérateur
Der Kühlschrank

L'évier

Das Spülbecken

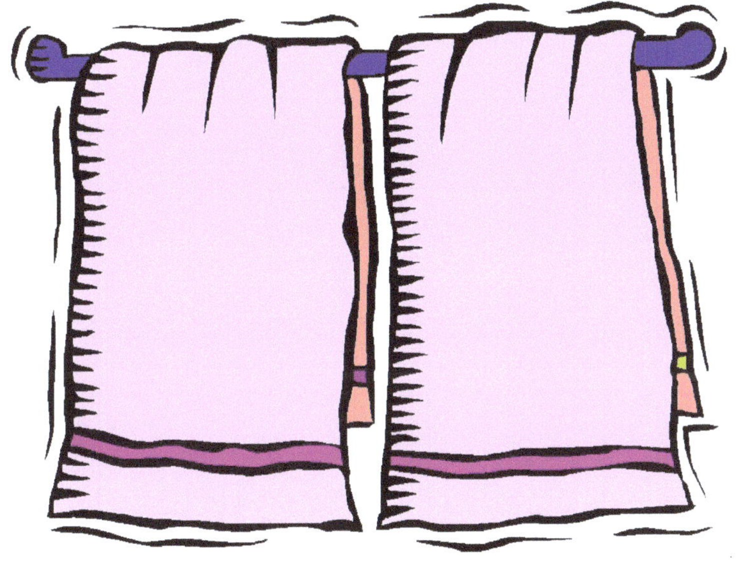

La serviette

Das Handtuch

La baignoire
Die Badewanne

La douche

Die Dusche

La bibliothèque
Das Bücherregal

Le lit

Das Bett

La commode
Die Kommode

La chambre
Das Schlafzimmer

Le placard
Der Kleiderschrank

Le berceau
Das Kinderbett

La radio
Das Radio

Le four à micro-ondes
Die Mikrowelle

La poubelle
Der Mülleimer

Apprenez des choses dans un dictionnaire d'images illustrant la maison.

À propos de l'auteur : Richard Carlson est auteur de livres bilingues pour enfants.
www.richardcarlson.com